AF338553

IN MEMORIAM.

Notice Biographique

ET NÉCROLOGIQUE.

Madame de La Conté,

Supérieure de l'Hospice d'Avranches.

Le 26 avril dernier, jour de la fête du Bon Pasteur, au moment où la voix émue du prêtre recommandait aux prières des fidèles Mme Aurélie de La Conté, supérieure de l'Hospice d'Avranches, décédée la veille, à neuf heures du soir, celui qui écrit cette notice était voisin, à l'église, d'une jeune fille dont les sanglots, puis les larmes silencieuses dénotaient une orpheline à qui son deuil vient d'être révélé. La tenue convenable de cette enfant, son recueillement, sa simplicité, indices d'une éducation bien dirigée, donnaient à sa douleur un touchant intérêt.

Sans doute, cette douleur et cette modestie ne disaient rien de nouveau à la louange de Mme la Supérieure de l'Hospice d'Avranches ; mais elles rendaient plus sensible la perte dont tant de malheureux étaient frappés, et plus présents les bienfaits de la tendre mère ; elles faisaient naître le désir d'en rechercher et d'en conserver la trace.

Nous espérons que la famille de Mme de La Conté nous pardonnera de publier cette notice sans y être autorisé par elle. La mémoire, comme la vie entière de Mme la Supérieure, appartient à la reconnaissance et à l'édification publiques plus encore qu'à sa famille; et, quant à la convenance de cette publication, nous sommes rassuré en pensant que l'initiative ne nous en appartient point, et en nous rappelant à qui elle appartient.

Mme Aurélie-Louise Ferrand de La Conté, née à St-Sauveur-Lendelin, le 11 février 1803, de M. Georges Ferrand de La Conté et de Mme Eléonore Le Provost de Vaulaville, eut le bonheur de rencontrer dans sa famille cet honneur antique, cette foi traditionnelle et cette considération héréditaire, à la faveur desquels l'enfant se trouve, sans effort et sans délibération préalable, engagé dans la voie la meilleure et la plus sûre. Mais chacun sait combien de mérites personnels elle sut ajouter à ce privilège de la naissance, privilège bien digne d'estime, d'ailleurs, puisqu'il est la récompense providentielle des vertus des aïeux.

Dès l'enfance, Mlle Aurélie de La Conté fit le bonheur et la joie de sa famille. La bonté de son cœur, sa charité annonçaient déjà ce qu'elle devait être un jour; elle se plaisait à visiter les pauvres, les vieillards et les malades, surtout lorsqu'elle pouvait les aborder les mains pleines. Adoucir leurs souffrances était sa plus grande joie.

A l'époque de sa seconde communion, chantant un cantique d'adieu aux joies fugitives et trompeuses du monde, elle se sentit subitement inspirée du désir de le quitter pour se consacrer à Dieu et au service des pauvres.

Elle avait treize ans, lorsque sa maîtresse de pension, Mme de L'Orbéhay, religieuse Augustine, ayant obtenu l'autorisation de rentrer à l'hospice de Coutances, dont elle et ses compagnes avaient été chassées par la Révolution, conduisit ses pensionnaires dans cette maison. A quatorze ans, elle voulait entrer au noviciat; mais elle avait trop bien mérité la tendresse de sa famille, les agréments de son esprit et de son caractère répandaient trop de charme autour d'elle, pour que cette résolution fût acceptée sans épreuves préalables et sans une vive opposition.

Son éducation terminée, Mlle de La Conté vint fréquemment à Avranches, chez Mme Le Provost-Dubouillon, sa grand'tante. Là, comme ailleurs, elle se fit chérir et admirer par les plus aimables qualités de l'esprit et du cœur. Souvent elle visitait l'Hospice, et elle apprit ainsi à apprécier l'excellent esprit de l'ordre de Saint-Thomas-de-Villeneuve, qui donnait des religieuses hospitalières à cette maison. Dès-lors, son choix fut fait; elle redoubla, mais toujours en vain, ses instances auprès de sa famille. La peine qu'elle ressentit de n'être point exaucée ayant gravement altéré sa santé, un médecin aussi habile que prudent, M. Lesplu-Dupré, ami de la famille, déclara qu'elle ne recouvrerait la santé qu'au prix du consentement qu'elle sollicitait avec tant de persévérance. En effet, elle l'eut à peine obtenu, qu'une réaction favorable se manifesta et fit de tels progrès que, bientôt, elle put revenir à Avranches et faire son entrée à l'Hospice.

Remarquons, en passant, que Mlle de La Conté n'était point enchaînée au foyer paternel par ces grands devoirs qui élèvent une lutte légitime contre les vocations les plus entraînantes. Laissant encore à la maison paternelle ce qui constitue une famille complète, quoique douloureusement éprouvée par son absence, elle put suivre la voie intérieure qui l'appelait à Dieu dans la personne des pauvres, et, dans le courant de l'année 1823, le *Veni Creator* solennel qui, pour les religieuses de cet ordre, est la première manifestation publique et le cri d'une vocation victorieuse, fut chanté pour elle dans la chapelle de l'Hospice. Elle y mêla sa voix avec l'enthousiasme du bonheur qui remplissait son âme. La cérémonie fut présidée et le sermon prêché par M. l'abbé Harel, aujourd'hui chanoine-titulaire du diocèse de Coutances. Telle était, dès lors, la réputation de la jeune postulante que, dans sa touchante allocution, le prédicateur crut pouvoir révéler les desseins de Dieu sur elle et la supériorité qu'il lui réservait.

S'il nous était permis de chercher des motifs humains à cette vocation, qui fut religieuse avant tout, nous les trouverions peut-être dans une trempe d'esprit supérieure à la condition mesquine que le préjugé, l'éducation, et surtout le despotisme des esprits subalternes font aux jeunes filles, et même aux mères de famille, dans les sociétés modernes.

Quelle femme, pénétrée de sa dignité et de la volonté ferme d'utiliser sa vie, peut attendre patiemment, dans de frivoles passe-temps, dans des entretiens plus frivoles encore, que la timide et presque furtive manifestation de ses qualités personnelles, ou bien les intrigues de ses amies, ses propres manœuvres, l'attrait de sa richesse ou de son élégance aient appelé sur elle ce choix ou cette chance qui l'associera à l'autorité domestique dans une famille naissante?

Il se rencontre, dans toutes les conditions, et souvent dans un âge encore tendre, des esprit d'élite qui vont droit aux choses solides, même au prix de leur repos et de leurs plus chères affections. L'esprit de Mme de La Conté était de cette sorte. Qu'y a-t-il au monde de plus réel, pour une femme chrétienne, que de se créer, au milieu de ceux que tout abandonne, une ample et active maternité, de moraliser les enfants pour le ciel et pour les professions modestes qui doivent les y conduire, de subvenir aux innombrables douleurs de l'humanité, plus encore par l'apaisement moral que par le soulagement matériel, et de préparer les malheureux de la terre pour la redoutable transmigration qui peut les mettre en possession d'une royauté éternelle. Combien semblent méprisables les vanités de la parure et les succès d'un éclat éphémère aux cœurs épris d'un tel but!

La vocation de Mme de La Conté fut un démenti de plus aux observateurs superficiels qui s'étonnent et se récrient, lorsque, parmi des habitudes enjouées, vives, turbulentes même, parmi les saillies d'un esprit alerte et malicieusement scrutateur, ils voient, un beau jour, mûrir des pensées austères, et se révéler une vocation sainte. Ceux qui naguères voyaient, avec quelque surprise, le nom de Mme la Supérieure de l'Hospice inscrit parmi les souscripteurs à nos fêtes hippiques, ignoraient peut-être qu'elle aussi, dans son enfance, avait aimé les exercices où l'on réussit par l'agilité ou la force physique, et notamment l'équitation. Mais, puisque le souvenir de cette souscription nous est revenu, nous ne devons la mentionner que pour y reconnaître une courtoisie de bon goût à l'adresse des honorables instigateurs de ces fêtes, lesquels savaient rendre à Mme la Supérieure, ce qui veut dire à ses pauvres, sympathie pour sympathie, concours pour concours.

Après un court séjour à l'Hospice d'Avranches en qualité de postulante, Mlle de La Conté fut envoyée au noviciat des Dames de St-Thomas, rue de Sèvres, à Paris. L'épreuve fut abrégée en considération de la ferveur et de la maturité précoce de la jeune novice; elle fit sa profession; puis une obédience lui fut donnée dans un orphelinat de jeunes filles entretenu par Mme la duchesse d'Angoulême. De cette pieuse maison elle passa à l'Hospice de la Pitié, de Paris, l'un de ceux où le service était alors le plus laborieux. Elle avait eu besoin de douceur, de prudence et de sollicitude maternelle; il lui fallut du courage et de la force joints à l'abandon de toutes les délicatesses qui, dans notre société, sont devenues pour la femme du monde une seconde nature. On nous a raconté qu'elle ensevelissait les corps, et qu'elle les portait sur ses épaules. Quelle devait être l'ardeur de sa charité auprès de ceux qu'habitait encore une âme immortelle !

Les religieuses de la Pitié avaient alors pour supérieure Mme de Gouyon de Beaufort, qui, pendant près de quinze ans, avait dirigé l'Hospice d'Avranches.

Le spectacle des misères et des dégradations humaines, si saisissant au sein d'une grande ville, ne fut pas le seul auquel s'instruisit et se fortifia l'âme de Mme de La Conté. Elle fut témoin de la révolution de juillet 1830; elle vit, dans la personne de Mgr de Quélen, archevêque de Paris, la vertu et la foi, aveuglément persécutées, demander à la charité un asile contre les fureurs populaires. Mme de Gouyon de Beaufort, d'origine bretonne comme Monseigneur, eut l'honneur, non sans quelque péril pour elle-même et ses compagnes, d'abriter la tête vénérée du prélat, qui, peu de temps après, se vengeait d'une populace égarée en fondant l'Œuvre des Orphelins du choléra.

Mme de La Conté se souvenait avec bonheur d'avoir été, pour ainsi dire, gardienne de Monseigneur, dont la retraite était peu éloignée de sa cellule.

Ce fut le 12 septembre 1831 que Mme de La Conté revint à Avranches, pour ne plus quitter notre Hospice. Elle fut chargée d'instruire les jeunes garçons et de sur-veiller leur travail. C'était elle aussi qu'éveillait, pen-dant la nuit, la sonnette de l'Hospice, lorsqu'un enfant était déposé à la porte de la maison; elle le recueillait, l'installait, et devenait ainsi, dans toute l'étendue de l'emploi, sa mère adoptive.

Mme de Miniac, alors supérieure, était sujette à de fré-quentes indispositions qui, parfois, privaient entièrement l'Hospice de sa direction. Mme de La Conté la servait alors avec un soin filial, se multipliait pour dissimuler son absence, et s'imposait de telles fatigues que les personnes admises à son intimité appréhendaient qu'elle n'y pût résister. Mais, sous une apparence délicate, elle cachait une rare énergie, secondée par une force physique dont les élans ont souvent étonné ceux qui en furent témoins. Elle en donna un jour une preuve en emportant dans ses bras, comme un petit enfant, un garçon de 14 ans, qui l'avait frappée d'un violent coup de poing. Elle sut lui ôter toute idée de résistance et l'emprisonna dans un cabinet en lui disant, avec beaucoup de calme : « A demain, mon ami. »

Aucun emploi, quelque vil ou fatigant qu'il fût, ne la rebutait. Les infirmités les plus hideuses, les panse-ments les plus difficiles ne pouvaient mettre en défaut ni sa charité ni son adresse; elle pratiquait même, avec beaucoup de promptitude et de dextérité, diverses opé-rations que ne révendiquent pas trop strictement MM. les praticiens.

Aussi, lorsqu'une alliance des plus honorables fixa non loin d'elle l'aînée de ses sœurs, elle reçut de son beau-frère, pour cadeau de noces, une trousse de chirurgie très-complète, dit-on, et qui ne fut pas entre ses mains un meuble inutile. L'homme de goût qui, dans cette occasion, avait préféré l'acier bien trempé à l'éclat de l'or et des pierreries, interprétait à bon droit, selon son propre cœur, l'âme énergique de sa parente.

Mme de La Conté eut le bonheur de rencontrer, à l'Hospice d'Avranches, un cœur d'élite que la grace divine avait mis dans une harmonie parfaite avec le sien, un de ces caractères véritablement apostoliques, sévères à eux-mêmes, indulgents pour autrui, que le parfum de la morale évangélique signale et recommande à l'affectueuse vénération de tous; un de ces hommes à qui il est donné, à leur insu, de présenter leur vie au monde comme une prédication permanente.

L'entente parfaite qui ne cessa d'exister entre M. l'abbé Lechaptois, aumônier de l'Hospice, et Mme de La Conté, n'eut rien de commun avec cet ascendant que certains caractères savent prendre sur des esprits faibles ou irrésolus. Avec elle, un tel ascendant eût été difficile à établir; mais elle fut l'effet d'une communauté spontanée de vues et de dévouement charitable.

Si nous avons bien compris leurs caractères, ils possédaient l'un et l'autre cette philosophie innée qui, pénétrée de christianisme dès l'âge le plus tendre et guidée par la foi, forme les esprits accomplis. Ils savaient l'un et l'autre que de toutes les invocations, de tous les hommages, nul n'arrive plus sûrement à Dieu que l'acte charitable accompli au nom de sa Providence; aussi, furent-ils toujours portés d'un plus grand zèle à vêtir et réchauffer les membres souffrants de Jésus-Christ qu'à parer ses autels.

Il est à croire que le vénérable Aumônier de l'Hospice se plaisait à faire respecter, dans la personne de la religieuse hospitalière, cette autorité toute morale qui, ne devant rien aux muscles, à la stature, à l'appareil extérieur, non plus qu'aux sévérités de la loi, et n'étant que faiblesse en apparence, s'impose par là même aux cœurs généreux.

Le 7 septembre 1838, Mme de La Conté succéda à Mme Sévegrant dans la supériorité de l'Hospice d'Avranches, que Mme de Miniac avait quitté quelques mois auparavant.

Quelque incomplet, quelque dénué que soit encore aujourd'hui cet établissement, il l'était bien davantage à cette époque. Le bâtiment neuf du nord-ouest, où les hommes sont installés, n'existait pas encore; les réclamations de Mme de La Conté, en vue d'une plus grande salubrité, n'ont pas été inutiles dans la conduite de cette construction. La Chapelle de l'Hospice, local à demi-souterrain, était humide et insuffisante; le bâtiment actuel, dont la tour et le portail ne sont pas sans intérêt, dans une ville dépourvue de monuments, s'est élevé à l'instigation et avec l'assistance de Mme la Supérieure; chaque arbre employé dans la charpente fut un don accordé à ses sollicitations, nous pourrions dire un encouragement offert à son zèle. Elle compléta, de ses deniers, par une souscription de 2,800 fr., la somme exigée par l'administration, préalablement à l'autorisation nécessaire pour commencer les travaux. Ce fut aussi dans l'intérêt de l'Hospice qu'elle acheta, le 10 mai 1841, le champ contigu à la grand'route, où se cultivent en grand les légumes destinés à la consommation de l'établissement. Et dès le lendemain, elle en léguait la nue-propriété à l'Hospice, à condition d'en abandonner l'usufruit ou somme équivalente à la religieuse qui lui succéderait comme supérieure, — précaution touchante, inspirée par le désir de ménager à celle-ci la joie de répandre quelques bienfaits.

Dans le but d'avoir un lieu de promenade pour les habitants de l'Hospice, Mme de La Conté avait acheté, à Saint-Jean-de-la-Haize, une petite propriété, où se sont élevés, par ses soins, une chapelle et des bâtiments d'habitation. Elle en a fait don à la communauté de Saint-Thomas, et maintenant trois religieuses de cet ordre y dirigent un pensionnat de jeunes filles peu favorisées de la fortune, et une école communale.

Mme de La Conté n'a pas peu contribué à doter Granville de l'établissement religieux de l'ordre de Saint-Thomas, qui est chargé tout à la fois de son hospice, de son bureau de bienfaisance, de sa salle d'asile et d'un pensionnat.

Nous ne saurions passer sous silence le zèle avec lequel Mme la Supérieure vint en aide à l'administration, lorsqu'en 1846 et 47, la cherté des subsistances vint désoler la classe indigente, et inquiéter le pouvoir lui-même. Non contente d'avoir pourvu à la nourriture de ses pauvres par des avances de fonds qu'elle-même avait dû puiser dans des bourses étrangères, et dont elle a bien long-temps attendu le remboursement, elle offrit à l'administration, et son offre fut acceptée, de suppléer, avec la manutention de l'Hospice, le concours des boulangers disposés à s'insurger contre un tarif trop peu rémunérateur à leur gré. Pendant un mois environ, on la vit, avec une de ses compagnes, à la porte de l'Hospice, vendant en détail, à tout venant, le pain ainsi préparé. Ce fut un important service rendu non-seulement à l'administration, dans l'intérêt général, mais à la boulangerie elle-même.

Nous devions, à cause de la reconnaissance qui leur est due, rappeler le souvenir de ces services publiquement rendus par Mme la Supérieure. Mais qui sait si, dans la balance du Souverain Juge, ils ont autant pesé qu'une seule des actions que, chaque jour, le dévouement lui faisait accomplir dans l'obscurité discrète de sa solitude? Les actes journaliers de sa générosité étaient trop intimes et trop conformes au précepte de l'Evangile pour que la publicité leur convienne et que la trace puisse en être suivie.

Sa charité était si grande, qu'elle se refusait à elle-même les choses les plus nécessaires, en vue des souffrances qui attendaient un soulagement.

Lorsqu'elle avait épuisé ses propres ressources, elle jetait sa convoitise sur celles de ses amies, et elle savait si bien les circonvenir qu'il était impossible de résister à son éloquence.

On nous a raconté que son humilité la portait à choisir, pour son usage, dans le vestiaire commun, les objets les plus délabrés, ceux dont le service ne se prolongeait qu'à force d'industrie réparatrice et grace aux scrupules charitables de la plus stricte économie.

Les habitants de l'Hospice ne composaient pas seuls sa famille adoptive : elle ne perdait pas de vue ceux et celles qu'elle y avait vus grandir sous ses yeux. S'ils oubliaient ses leçons, ils ne revenaient plus que pour implorer son intervention dans les mauvais pas où ils s'étaient jetés ; s'ils étaient bons, ils revenaient la consulter, lui présenter leur femme ou leur jeune enfant, lui demander son appui et ses prières.

Combien furent pénibles pour son cœur les sollicitudes réservées à ses dernières années, lorsqu'une nouvelle disette, dont nous attendons encore le terme, vint remettre en question la subsistance de sa nombreuse famille ! M. le docteur Thébault l'a dit sur sa tombe ouverte devant les rangs pressés des orphelins et des infirmes dont elle n'essuiera plus les larmes : « Confiants dans sa prévoyance, a-t-il dit en parlant » de ces infortunés, ils s'endormaient sans le souci du » lendemain, qui lui donnait, à elle, les nuits sans sommeil et les jours de fiévreuse inquiétude ! »

Rien n'est plus vrai : les dernières années de la digne Supérieure se sont écoulées dans ces dévorantes préoccupations. Rarement l'Hospice a-t-il vu sa subsistance assurée pour un mois, pour quinze jours même, et je ne serais pas surpris d'entendre dire que Mme de La Conté a dû ses dernières joies terrestres à quelque visite de l'Econome accourant lui annoncer qu'il venait d'acheter, *à crédit*, vingt ou trente hectolitres de blé.

La puissance morale de Mme de La Conté n'était point de celles qui s'absorbent dans la spécialité de quelques devoirs particuliers, dans la pratique d'une vertu de prédilection ; elle avait rempli presque tous les emplois de son ordre, qui en embrasse une assez grande variété. Dans son cerveau bien ordonné, dans son cœur généreux, il y avait place pour la piété et ses méditations, pour l'administration et ses sollicitudes, pour sa famille qu'elle n'avait pas abandonnée en la quittant, pour tout son voisinage qui était compris dans l'horizon de sa charité et qui en recevait fréquemment la preuve, pour le monde même qui, souvent, descendait de la ville, attiré vers elle par le charme de sa société, par son expérience, par le besoin de consolation, de direction ou de conseil, ou bien encore par les bienséances sociales dont, malgré l'habit qui la séparait du monde, on ne se croyait pas dispensé à son égard.

La piété : N'en avait-elle pas la véritable intelligence, en la faisant surtout consister dans l'offrande faite à Dieu de ses œuvres charitables, et dans les fréquentes aspirations qui en activaient le mobile sans en interrompre le cours ? Dieu soit loué ! répétait-elle souvent, dans ses épreuves comme dans ses consolations. C'était sans doute une piété agréable à Dieu, celle qui, par le respect qu'elle inspirait, par le don qu'elle possédait d'édifier l'esprit et le cœur tout ensemble, a su ramener à la foi et à ses pratiques les plus pénibles des hommes que l'on eût cru plus accessibles aux argumentations de la philosophie qu'aux insinuations de la dévotion.

La capacité administrative : Pour l'apprécier à sa juste valeur, il faut se rappeler tout ce que renferme d'éléments divers un Hospice comme celui d'Avranches :

Soin des petits enfants, éducation et surveillance des enfants plus âgés ; habitudes, manies, exigences peu disciplinables des vieillards et des infirmes ; vigilance sur les malades et les mourants ; traitements divers selon la condition des individus, militaires, aliénés, prisonniers, pensionnaires, &., &.; séparation ou rapports nécessaires entre les divers éléments de la population ; entretien et surveillance des ateliers de travail, écoulement des produits ; alimentation, vêtements, soins de propreté, s'appropriant à l'âge, au sexe, à l'état sanitaire ; discernement des aptitudes qui peuvent être utilisées, des vices qui peuvent propager la contagion ; travaux champêtres, vigilance sur le matériel, les animaux domestiques, &., &.

Nous ne craignons pas de le dire : une grande estime est due à la capacité administrative d'une supérieure d'hôpital.

La famille : Elle n'avait pas perdu sa place dans le cœur de Mme de La Conté ; et l'épouse de J.-C. n'était pas non plus oubliée de ses proches. Seulement, les rapports étaient peut-être plus empreints de respect et de déférence sans être moins affectueux. Combien sa sœur fut heureuse de la trouver si près d'elle, lorsqu'une mort prématurée enleva à son affection M. le comte de Carbonnel ! Mme la Supérieure fut pour elle une véritable providence ; elle sut lui rendre supportable une vie qui lui semblait désormais impossible ; et ce fut, dès-lors, entre les sombres murs de l'Hospice que Mme de Carbonnel vint chercher appui, conseil et consolation.

Le monde : Mme de La Conté conservait assez de rapports avec lui pour le bien connaître ; elle le jugeait avec une grande pénétration d'esprit, et peu d'instants lui suffisaient pour apprécier à leur juste valeur les caractères qui s'y produisent : s'ils étaient loyaux et généreux, ils n'avaient aucuns frais à faire pour gagner son estime ; s'ils étaient bas, astucieux, pusillanimes, égoïstes, si le masque leur était familier, l'instinct chevaleresque de Mme la Supérieure l'avertissait aussitôt, et sa charité seule pouvait les préserver des traits de son dédain.

Il nous serait assez difficile de ne pas croire qu'elle eut dans sa première jeunesse de grands efforts à faire pour maîtriser cet enjouement satirique, cette verve incisive qui naissent parfois de la rencontre en un même sujet de ces deux qualités contrastantes : vivacité d'esprit, profondeur d'observation.

Si vous causiez avec elle, si peu qu'il y eût de justesse et d'enchaînement dans vos idées, elle vous avait bientôt deviné, et souvent la réponse était faite avant que vous eussiez tout dit. La connaissance qu'elle avait du cœur humain faisait que d'ordinaire il en était de même lorsqu'on n'avait à lui confier que des extravagances.

A quelques soucis qu'elle fût livrée, si vous l'abordiez, tout semblait oublié ; elle vous entretenait de votre famille, de vos intérêts, de vos joies, s'il en était dans votre cœur, et, si l'occasion s'y prêtait, elle joignait à ces délicatesses du savoir-vivre des paroles affectueuses pleines d'encouragement ou de consolation. Des paroles, avons-nous dit... Elle savait mettre autre chose au service des grandes peines qui, parfois, jettent les heureux du monde entre les bras de la charité : elle savait donner ses veilles, ses soins expérimentés, communiquer son calme et sa résignation.

Il appartiendrait à celles qui l'ont assistée dans ses longues et fréquentes maladies de dire au prix de quelles douleurs et de quelle résignation elle a gagné cette bonne et sainte mort qui, tant de fois déjà, avait semblé prête à terminer ses souffrances.

Plus d'une fois, au lendemain d'une crise qui avait consterné ses compagnes, on l'a vue debout, vaquant aux devoirs de sa charge, empressée de mettre à profit les instants de trève qui lui étaient accordés. On peut dire que sa vie active a pris fin avec l'année 1856. Les quatre derniers mois de sa vie ont appartenu sans partage à la souffrance et à l'enfantement de sa bienheureuse éternité. Samedi matin, 25 avril, elle reçut le sacrement des mourants, et, le soir de ce même jour, à l'heure où la population de l'Hospice venait de s'endormir, elle rendit paisiblement son âme à Dieu..... *In manus tuas, Domine, commendo*......... Ce furent les dernières paroles que l'on entendit sortir de sa bouche.

Le lendemain dimanche, les restes mortels de Mme de La Conté furent exposés, pour les derniers adieux, dans la chambre mortuaire ; et, pendant tout le jour, cette douce image reçut le tribut des larmes et des prières des habitants de l'Hospice et de beaucoup d'autres personnes venues de la ville pour s'édifier à ce spectacle.

Lundi 27, à dix heures du matin, le Clergé des cinq paroisses d'Avranches, de Ponts et de Marcey, la Commission administrative de l'Hospice, M. le Sous-Préfet, M. le Maire, MM. les Médecins de l'Hospice, le Conseil municipal d'Avranches, beaucoup d'habitants notables de la ville, M. le Maire de Saint-Jean-de-la-Haize, les Sœurs de Saint-Vincent-de-Paul, des représentants de toutes nos institutions charitables se réunissaient dans la Chapelle de l'Hospice pour solenniser, conjointement avec les Pensionnaires et les Religieuses de la Maison, les funérailles de Mme la Supérieure.

Au cimetière, M. le Maire, debout sur le bord de la tombe, a prononcé avec la dignité et la convenance parfaite qui le distinguent, un adieu touchant à celle dont, en même temps, il retraçait éloquemment les vertus.

M. le docteur Thébault, médecin de l'Hospice, avec l'autorité d'un témoin oculaire, et l'expression d'une profonde reconnaissance et d'une sincère admiration, a pareillement retracé les services rendus par Mme la Supérieure, sa charité active, sa piété féconde.

En interrogeant nos souvenirs, nous ne nous rappelons pas avoir vu confier à la terre une dépouille mortelle escortée d'un deuil aussi profond, arrosée de tant de larmes. Il y avait là de ces visages si cruellement disgraciés qu'ils semblent ne pouvoir rencontrer d'affection sur la terre; leurs larmes disaient éloquemment qu'ils l'avaient rencontrée, cette affection, et qu'ils venaient de la perdre. Ah! qu'ils invoquent maintenant leur bienfaitrice; elle les distinguera entre tous : sa mission était de chérir les infortunés à proportion de leur délaissement et de leur infortune !

Mme de La Conté est morte *pensionnaire* de l'Hospice. Par une délicatesse excessive, l'ordre religieux auquel elle appartenait n'a pas voulu qu'elle y résidât gratuitement, dès-lors qu'elle ne pouvait plus y exercer ses fonctions.

Dans sa réunion du 4 mai 1857, le Conseil municipal d'Avranches, reconnaissant des services rendus par Mme de La Conté, a voté, à l'unanimité, pour sa sépulture, la concession gratuite d'un emplacement dans le cimetière et l'hommage d'une inscription commémorative.

Le 8 mai, la Commission administrative de l'Hospice, réunie sous la présidence de M. le Maire, a ouvert sa délibération par un hommage de respectueuse gratitude à la mémoire de la sainte Supérieure dont la charité inépuisable et l'active vigilance ont laissé de si profondes traces parmi la malheureuse et intéressante population de cet établissement.

En même temps, les membres de la Commission ont félicité M. le Maire de s'être fait l'interprète si éloquent de tous leurs sentiments dans la cérémonie funèbre du 27 avril.

Homme de la foule, nous n'avons pu peindre Mme la Supérieure comme l'eût fait un pieux ministre des autels, une sainte femme confidente de ses intimes communications avec le Divin Maître. Aussi, est-ce à regret que nous décevons l'attente des âmes pieuses en leur livrant cette incomplète et froide notice.

L. DE TESSON,
L'un des Administrateurs de l'Hospice.

(Extrait du Journal *l'Avranchin*, du 17 mai 1857).

Discours de M. Lahougue,

Maire d'Avranches.

Avant que la tombe se ferme pour toujours sur celle dont nous accompagnons ici les restes mortels. je viens, au nom de la Commission administrative de l'Hospice, je pourrais dire, au nom des pauvres, au nom de la ville toute entière, déposer sur son cercueil le pieux hommage de nos regrets et de nos larmes.

N'attendez pas de moi, Messieurs, un long discours, un discours pompeux; nos sanglots, mêlés aux prières de l'Eglise, sont la plus éloquente oraison funèbre qui puisse se faire entendre sur le bord de cette fosse, la seule convenable à la modestie et à la mémoire de celle que nous pleurons.

Et cependant pourrait-il m'être interdit d'esquisser au moins quelques-uns des traits qui la distinguaient si éminemment, et qui la faisaient si tendrement chérir?

A nous administrateurs de l'Etablissement qu'elle dirigeait si habilement depuis longtemps, à nous surtout il appartient de rappeler cette intelligence des affaires, cette raison droite, ce jugement si sain, cette vigilance active et éclairée, ce parfait esprit d'ordre, que nous ne cessions d'admirer en elle.

Mais ces qualités n'étaient que les qualités de son esprit. A vous, chères et bonnes sœurs; à vous, ses dignes collaboratrices; à vous qui avez pu, mieux que tout autre, connaître et apprécier tous les trésors de son cœur; à vous il appartiendrait, si vos larmes vous le permettaient, de nous révéler ce commerce intime si plein d'abandon et de charme, cette abnégation d'elle-même, cette aménité spirituelle, cette bienveillante sérénité qui se reflétait dans son regard si limpide, et si caressant, tous ces dons précieux, en un mot, toutes ces vertus aimables dont elle était si richement dotée, et qui, en même temps que vous la respectiez comme votre supérieure, vous la faisait chérir comme la plus tendre des mères. — Oh! à vous surtout, mes bonnes sœurs, à vous qui en avez été les témoins, il appartiendrait de nous peindre cette patience vraiment chrétienne, cette pieuse, sublime et inaltérable résignation, au milieu de ces cruelles souffrances par lesquelles le Ciel, dans ses décrets impénétrables, avait voulu l'éprouver, à la fin de son voyage dans cette vallée de larmes, comme pour lui ménager une récompense plus abondante encore dans la céleste patrie où son âme allait s'envoler.

Et vous, pauvres qui m'écoutez, vous dont elle s'était fait la sœur dévouée, ou plutôt l'humble servante, à l'exemple du Divin Maître, vous au soulagement desquels elle avait consacré sa vie toute entière, pourriez-vous jamais oublier cette charité ardente qui allait jusqu'à faire taire ses propres souffrances, pour soigner et adoucir vos misères?

Et vous encore, pauvres orphelins, ah! vous avez raison de pleurer la bonne mère que vous avez perdue, une mère si charitable, si indulgente, si compatissante, — que son souvenir, chers enfants, reste à jamais gravé dans vos cœurs! — que son nom chéri soit pour toujours mêlé dans vos prières! Et faites vœu aujourd'hui sur son cercueil d'être bons, toujours bons, en mémoire d'elle.

Que pourrais-je ajouter, Messieurs?... quelque cruelle qu'elle soit, l'heure de la séparation a sonné. — Unissons donc nos bénédictions et nos prières, pour dire à notre excellente Supérieure un dernier adieu! — Que cet adieu s'élève comme un concert, qu'il monte, comme un pur encens, vers celle qui n'a passé sur la terre qu'en faisant du bien; qu'il pénètre jusque dans les cieux, pour ajouter encore, s'il est possible, à l'auréole de félicité éternelle, dont elle est maintenant cou-ronnée!...

Discours de M. le Dʳ Thébault.

Que de fois déjà, réunis au bord d'une tombe, nous avons vu y descendre des êtres environnés de respect et d'admiration, suivis d'une foule qui leur tenait par les liens de l'affection, de la reconnaissance ou de la position ! Des voix amies et éloquentes s'élevaient et nous redisaient leurs qualités ou leurs vertus, éveillant des échos sympathiques, car on est partial envers la mort, cette terrible Moissonneuse qui nous emporte par gerbes ! — Peut-être alors, par un retour involontaire, coup-d'œil intérieur sur nous-mêmes qui devons mourir aussi, nous mesurons largement l'indulgence pour qu'un jour elle ne soit point refusée à notre mémoire.

Mais aujourd'hui, comment prendre la parole en face de ce deuil public ? — Tâche à la fois douce et difficile que celle de vous parler de Mᵐᵉ de La Conté, de cette noble femme, qui, renonçant aux avantages de la naissance, aux joies de la famille, prit en pitié tous les malheureux ; et, sous l'humble habit de St Thomas-de-Villeneuve, a passé parmi nous en faisant le bien ! Comme aux premiers jours du Christianisme, distribuant ses richesses, elle ne garda pour elle qu'un vêtement de bure et le pain dont l'indigent eut toujours la moitié.

Médecin de l'hospice d'Avranches depuis plusieurs années, j'ai donc pu connaître et apprécier Mᵐᵉ la Supérieure ! ! — Mon impuissance m'effraie, car ce n'est pas avec des mots que je puis vous peindre une semblable existence, toutes ses heures marquées sur le livre de vie par autant de bienfaits, chacune de ses journées jalonnée par une vertu, cette immense charité brûlant en elle, qui lui donnait un cœur de mère pour tous ces enfants sans famille, deshérités de la société. Sa sollicitude, éclairée et tendre, veillait à la fois aux besoins de leur corps et de leur intelligence ; une instruction solide, bien qu'élémentaire, des principes religieux fortement développés, que l'exemple surtout gravait dans la mémoire, et une industrie qui leur permît de vivre honnêtes, voilà la dot qu'emportaient avec eux les enfants de l'hospice en quittant cet établissement ! — Bagage bien léger aux yeux de notre époque de spéculation, mais pesant dans les balances éternelles !

Pendant ces années difficiles, alors que la cherté des denrées alimentaires semait la misère, ou tout au moins la gêne dans bien des maisons ; quand les ressources de l'hospice, à peine suffisantes dans les années de prospérité, montraient un énorme déficit, que de soins, de préoccupations pour nourrir et vêtir cette grande famille d'orphelins et d'infirmes !! — Confiants dans sa prévoyance, ils s'endormaient sans le souci du lendemain, qui lui donnait à elle les nuits sans sommeil et les jours de fiévreuses inquiétudes.

Mais ce n'est pas l'habile administratrice qui sut grandir les ressources confiées à ses soins, à mesure que les besoins se dressaient plus grands et plus impérieux ; au zèle ardent de qui est due cette chapelle, à peine terminée, où tant d'âmes prieront pour elle, dont le souvenir me fait ici prendre la parole. — Non, celle que je pleure, c'est la Supérieure, pas en dignité, mais en dévouement, la tête qui dirigeait toutes ces incarnations vivantes de la charité, qu'on appelle Dames d'hôpital, le cœur qui, suivant l'exemple du Maître, se fit humble et pauvre, appelant les plus infirmes : mes Frères !....

Elle était jeune encore, mais trop sainte pour nous et mûre pour le Ciel, lorsque, après tant d'années de souffrances, supportées en chrétienne et en âme forte, elle nous a quittés nous laissant le parfum de ses vertus et des regrets dans toutes les classes,—chez tous !— Quel est celui d'entre nous qui oubliera cette blanche et calme physionomie, marquée d'avance du signe fatal et où rayonnait une bonté plus qu'humaine, un reflet de cette lumière intérieure, de cette flamme divine qui attire en haut et nous montre Dieu pour source ?... — Vous souvient-il de l'avoir vue mille fois près de ses malades, dans ces salles de douleurs, où sa présence était un rayon de soleil ? — Tous les visages tournés vers elle disaient reconnaissance, tous les regards étaient amour et vénération ? Providence visible, à travers laquelle ils comprenaient mieux l'autre !!

Quelle affliction repoussée, secouant la poussière de ses pieds, invoqua la malédiction de Dieu sur ce seuil que nul ne franchit sans emporter secours, espoir ou résignation !

Et maintenant, dans cette maison, sa place vide est grande comme un abîme ; il y a des larmes dans tous les yeux, non de ces larmes banales que souvent un sourire sèche à moitié ; qui durent à peine autant que la cérémonie funèbre, mais des pleurs qu'un cœur brisé fait jaillir à torrents.

Toutefois, la religion a une consolation, une espérance pour ces séparations déchirantes, si nous les croyions éternelles ! — Elle nous montre la mort comme le réveil de l'âme épurée qui va rejoindre son principe et se fondre en d'immenses félicités ! — Il ne reste ici que la dépouille mortelle, prison de chair, d'où l'âme s'est envolée les mains pleines de bonnes œuvres !! — Disons à celle qui nous devance dans ce voyage sans retour : au revoir !... adieu !...

Oh ! lorsque, chaque année dévorée par le passé, tinte l'agonie de notre vie ; quand debout encore, mais chancelants et presque morts de tant de blessures, d'affections déçues, ou qui dorment en terre, ruine de nous-mêmes, nous passons à travers d'autres ruines, quel magnifique espoir que cette réunion éternelle de notre cœur à ces fragments détachés, entrevue par la foi dans le sein de Dieu !

Les yeux fixés sur le Christ ressuscité, marchons donc en avant, pratiquons de nos forces entières la loi qu'il enseigna ; soyons ses vrais disciples, et non pas ceux qui, chrétiens de nom seulement, flétrissent la religion en en revêtant leur hypocrisie, et s'en font un marche-pied de dignités ou d'or ! — Inquisiteurs du pauvre qu'ils soulagent, ils le veulent façonné d'après leur moule, ils obligent les consciences au mensonge, car ils mettent des conditions à leurs secours !

Là n'est pas la charité comme l'Evangile l'écrit dans toutes ses pages, comme Mme de La Conté, pendant 30 ans, la grava dans ses actions ! Dieu l'avait placée ici-bas pour faire le bien ! Dévouée à sa mission, peu soucieuse de l'approbation du monde et de ses faveurs éphémères, elle faisait le bien uniquement pour plaire à Dieu !...

Sainte et noble femme, qui ne teniez à l'humanité que par les souffrances, âme d'ange qui avez retrouvé vos ailes, entendez nos voix qui vous disent : au revoir !... Et espérons qu'un jour elles vous crieront : nous voici !... à nous l'éternité . . . .

Avranches. — Imp. Typ. & Lith. de Henri Tribouillard, Libraire, rue des Fossés, 4 et 6.

Impr. Typographique et Lithographique Henri Tribouillard,
Libraire, rue des Fossés, 4 et 6.